SUR GRIN VOS CONNAISSANCES
SE FONT PAYER

La femme fatale dans le film noir : victimiser ou être victimée ?

La représentation de la femme dans le film noir américain à l'exemple des films "The postman always rings twice" (1946) et "Pitfall" (1948)

Bibliographic information published by the German National Library:

The German National Library lists this publication in the National Bibliography; detailed bibliographic data are available on the Internet at http://dnb.dnb.de.

ISBN: 9783389022771
This book is also available as an ebook.

© GRIN Publishing GmbH
Trappentreustraße 1
80339 München

Print and binding: Books on Demand GmbH, Norderstedt, Germany
Printed on acid-free paper from responsible sources.

The present work has been carefully prepared. Nevertheless, authors and publishers do not incur liability for the correctness of information, notes, links and advice as well as any printing errors.

GRIN web shop: https://www.grin.com/document/1473173

Cinéma et sexualité

Étudiante allemande en échange

La femme fatale dans le film noir : victimiser ou être victimée ?

La représentation de la femme dans le film noir américain à l'exemple des films *The postman always rings twice* (1946) et *Pitfall* (1948)

TABLE DES MATIÈRES

1 INTRODUCTION

Dans le cadre du séminaire « Cinéma et Sexualité », le présent travail se concentre sur *le film noir* réalisés aux Etats-Unis à partir des années 1940 et traite en particulier de la représentation des femmes. Comment la femme est-elle perçue par les autres personnages du film, comment le spectateur la voit-il ? Est-elle dominante dans son rôle par rapport à ses semblables masculins ou doit-elle être considérée elle-même comme une victime ?

Après une brève introduction au film noir, à ses caractéristiques et un examen de sa genèse, les phénomènes de *la femme fatale* seront ensuite examinés plus en détail. A l'aide des films américains *The postman always rings twice* (1946) et *Pitfall* (1948), une analyse est ensuite réalisée dans la partie principale de l'ouvrage, dont l'objectif est de répondre à la question ci-dessus. Comment les deux femmes Cora et Mona sont-elles représentées et quelles sont les particularités de leur domination et de leur soumission ?

2 LE FILM NOIR

2.1 Une définition du terme

Le terme *le film noir* signifie un cycle d'œuvres produit à Hollywood à partir des années 1940 jusqu'à la fin des années 1950 et a été inventé par les Français[1], encore plus précis de Nino Frank qui employait ce terme pour la première fois dans son article *A new kind of police drama : The criminal adventure* en 1946. Ayant ses origines aux États-Unis, le film noir a par la suite suscité beaucoup d'intérêt et d'enthousiasme de la part du public européen, de sorte que les réalisateurs français ont osé aborder le nouveau style cinématographique. La France était pourtant le seul pays jusqu'aux années soixante où l'on se servait de nouveau terme.[2]

---

[1] Noël Simsolo, *Le film noir. Vrais et faux cauchemars*, Paris, Éditions Cahiers du cinéma, 2005, p.11.
[2] Ibid. p.34.

Réalisé habituellement en noir et blanc, les films se déroulent pour la plupart du temps dans des sites urbains. Bien qu'ils reposent sur certaines conventions, les films sont partiellement très différents en ce qui concerne la mise en œuvre de thèmes récurrents. La noirceur qui existe à l'écran dès le début du cinéma[3] fascinait de plus en plus le public et apparaît ainsi avec plus d'intensité dans le film noir pour avoir comme but de produire un sentiment d'angoisse et de malaise ainsi qu'un sentiment de méfiance. A part cela, des techniques comme la voix-off ou les flash-back sont des moyens typiquement utilisés par des réalisateurs pendant les deux décennies. Avant souvent nommé « policier », « thriller » ou « film d'angoisse psychologique »[4], le film noir se caractérise entre autre par l'usage des armes à feu, des crimes, la violence, des actes meurtriers et des personnages spécifiques comme entre autres la femme fatale.

Malgré des points communs que l'on peut trouver parmi ces films, il n'est toutefois pas possible de formuler une définition précise du film noir. Bien que certains critiques de cinéma parlent d'un genre, d'autres partagent l'avis qu'il s'agit moins d'un genre cinématographique que d'un concept critique d'une série des films particuliers.[5]

2.2   Les origines littéraires et filmiques

Déjà mentionné ci-dessus, ce n'est pas le film noir qui découvre la fascination du public pour la noirceur et les sujets qui lui sont associés, mais il est influencé par la littérature et des genres filmiques. Pour mieux comprendre la genèse du film noir, il est indispensable de retourner en arrière au 18e siècle où le roman noir (anglais : *gothic novel* ; allemand : *Schauerroman*) s'établissait. L'auteur anglais, Horace Walpole écrivait le premier roman noir titré *Castle of Otranto* en 1764 et provoquait ensuite une forte vague parmi des écrivains

---

[3] Ibid. p.13.
[4] Ibid. p.28.
[5] Patrick Cattrysse, *Pour une théorie de l'adaptation filmique. Le film noir américain*, Berne, Peter Lang, 1992, p.47.

d'abord particulièrement anglais, français et allemands et par la suite également américains.[6] Charles Brockden Brown, fortement influencé entre autres par les travaux d'Edgar Allen Poe, représente le premier auteur des États-Unis qui traite les thèmes 'noirs'.[7] Le roman noir peut donc être considéré comme le précurseur des romans policiers émergeant dans les années 1920. Les romans policiers, qui se distinguent principalement par le style et le contenu, constituent un changement crucial dans la littérature du crime ainsi qu'en même temps l'influence majeure quant au film noir américain.

A part la littérature, les origines du film noir se trouvent également dans les œuvres cinématographique des années 1920 et 1930. A cette période, le genre a développé certaines conventions et des techniques pour créer une atmosphère mystique. Bien que les films d'horreur aient quelques points communs avec les films noirs, il faut les considérer comme un genre à part entière.

3   LA FEMME FATALE

3.1   La Femme fatale comme phénomène après-guerre

Le film noir se caractérise entre autres par l'apparition de la femme fatale. Il ne s'agit pourtant pas d'une nouveauté du 20ᵉ siècle, mais d'un concept étant présent depuis toujours dans la littérature, la poésie et la peinture. Le film noir fait néanmoins revivre la femme fatale de façon moderne : la femme progressiste de l'après-guerre à partir des années 1940.

Ayant commencé de travailler et donc de rendre de plus en plus dans la sphère masculine, les femmes ont obtenu une certaine indépendance pendant la Deuxième Guerre mondiale. Il est possible de voir les origines de la femme fatale moderne dans cette guerre et sa venue comme

---

[6] Hassan Karimi, *Toward a definition of the American film noir (1941-1949)*, New York, Arno Press, 1976, p.43.
[7] Ibid. p.44.

4

une réponse directe aux angoisses des hommes.[8] Étant plus forte et autonome qu'avant, elle sort peu à peu des stéréotypes – être mère et épouse – et de la société dominée des hommes de l'époque. Barnes-Smith la désigne dans sa publication comme personnification et l'expression du besoin de la liberté féminine et des peurs masculines de perdre le contrôle.[9] Étant attirés et en même temps angoissés de la domination et de la nouvelle force des femmes, les personnages masculins des films noirs montrent très bien la situation de l'époque après-guerre. Les personnages féminins en revanche peuvent être vus comme une sorte d'inspiration pour les femmes en ce qui concerne leur indépendance et leur tentative de quitter les attentes sur leur sexe existant au sein de la société de l'époque. Certaines féministes suggèrent que des spectatrices peuvent comprendre les femmes fatales et ont une empathie envers elles.

Les années quarante constituent de plus les débuts des mouvements d'émancipation féminine et donc une période et un changement importante quant à l'organisation sociale et la domination masculine.

3.2 Les caractéristiques de la femme fatale dans le film noir

Dans les films classiques hollywoodiens des années antérieures, les personnages féminins étaient souvent présentés comme des figures impuissantes et incarcérées dans les rôles féminins stéréotypés d'épouse et de mères.[10] La représentation de femme dans les films noirs constitue donc une très grande différence quant aux films réalisés dans les années avant.

La femme fatale est un caractère très complexe pour lequel il n'est pas facile de trouver une définition précise. Elle est principalement définit par leur sexualité et surtout par leur relation

---

[8] Danielle L. Barnes-Smith, *Fatal woman, revisited: Understanding female stereotypes in film noir*, Missoula, University of Montana, 2015, p.2.
[9] Ibid. p.19.
[10] Scott Snyder, « Personality disorder and the film noir femme fatale » dans *Journal of Criminal Justice and Popular Culture*, N° 8 (2001), p.160.

avec les hommes.[11] Elle les manipule dans le but d'obtenir de la puissance, de l'indépendance et de l'argent. La sexualité et le corps sont par conséquent le moyen par lequel la femme du film noir réussit de vivre sans les rôles genrés, mais dans une certaine égalité des genres. Bien que les femmes soient souvent mariées, elles n'ont pas d'enfants et leur mariage se caractérise habituellement par le mal-être, l'ennui et particulièrement l'absence de l'amour et de la satisfaction sexuelle. Comme les femmes vont souvent travailler et agissent donc indépendamment de leur mari, elles représentent aussi une sorte de danger. L'utilisation d'armes à feu et la violence dans le film noir explicitent cette image. De plus, il n'est pas rare qu'elle soit fumeuse et se retrouve dans des endroits genrés masculins.

Déjà dit ci-dessus, le corps féminin joue un rôle important : Des cheveux coiffés, des lèvres rouges et des robes soulignant la silhouette constituent des caractéristiques de la femme fatale. Malgré tous les points communs que l'on trouve en analysant la femme fatale, elle reste un phénomène diversifié et complexe que le film noir montre dans toutes les facettes.

4   L'ANALYSE

4.1   La présentation des films

La partie principale du travail présent sera une analyse de deux films noirs américains des années quarante : *The postman always rings twice* et *Pitfall*. Les films constituent des bons exemples pour le genre, ont eu un certains succès à l'époque et sont idéals pour une analyse et une comparaison en ce qui concerne la femme fatale.

Réalisé par Tay Garnett en 1946, *The postman always rings twice* met le couple, Cora et Nick, ainsi que le célibataire Frank au centre de l'histoire. Frank, ayant commencé de travailler à la station-service et le restaurant Twin Oaks du couple, est attiré par la jeune femme. Les deux entament une affaire et essaient de tuer le mari beaucoup plus âgé. Malgré

---

[11] David Crewe, "Cherchez La Femme : The evolution of the femme fatale", dans *Screen Education,* n°80 (été 2016), p.17.

le meurtre de Nick dans un accident de voiture, Frank reste innocenté et Cora liberté surveillée. Après avoir regagné leur vie contente, Cora meurt par mégarde dans un accident et Frank va en prison.

Dans le film noir *Pitfall* du réalisateur André De Toth, Mona, une femme mariée commence une liaison avec John Forbes, également marié et ayant un enfant. Motivé par la jalouse, son mari Smiley essaie de tuer Forbes qui l'attend déjà et le tue par son revolver. Tandis qu'il reste libre grâce à son témoignage d'avoir tué en légitime défense et, de ce fait, il peut continuer sa vie heureuse en famille, Cora va en prison à cause de l'assassinat de détective MacDonald qui l'a harcelé.

4.2   La Femme fatale : un personnage qui victimise ?

Dangereuse, manipulatrice et puissante, c'est ainsi que la femme fatale est généralement décrite. En dominant les hommes, c'est elle qui fait d'eux une sorte de victime. Cora et Mona, les deux femmes au centre des films présents, possèdent également un certain pouvoir et parviennent à sortir de la position normalement soumise des femmes de l'époque.

En ce qui concerne le travail de Frank chez Twin Oaks, Cora est la dominante depuis le début. Elle est la maîtresse de maison et donne les ordres quant à ce qui doit être fait. Dans l'une des premières scènes, elle demande à Frank de peindre les chaises, qui exécute la demande sans hésitation. Il se sent fortement attiré par ses cheveux, son maquillage et ses vêtements en partie très légers. Comparable à un chien, il la suit partout, veut l'accompagner à la plage ou danser avec elle. Habituellement réservé aux hommes, il n'est pas surprenant que Cora fume ce que montre ses efforts de quitter les stéréotypes féminins (Image I).

Afin de sortir le mariage malheureux avec Nick, Cora essaie de persuader Frank de tuer son mari. Enfin étant tué par un accident de voiture, Nick peut donc clairement être considéré comme une victime soumise au pouvoir de la femme fatale.

En ne correspondant pas tout à fait au rôle de la femme typique de l'époque, mais en essayant de vivre de manière plus indépendante des hommes, Mona se place au même niveau qu'eux et crée une certaine égalité genrée et souligne son pouvoir et sa domination. Elle prétend travailler comme mannequin, elle conduit une voiture et de plus c'est bien elle qui prend le volant du bateau en premier (Image II). Attiré par son attractivité, Forbes et Mona commence une liaison ce que risque de détruire le mariage de Forbes et donc sa vie plus ou moins heureuse avec sa femme. Mona est finalement un danger pour lui et sa femme.

Les deux femmes sont au centre de l'histoire et au centre du regard masculin. Elles profitent d'une certaine puissance qui est principalement due à leur apparence et à leur sexualité. En parvenant à quitter partiellement les rôles genrés et l'oppression et en devenant de plus en plus indépendantes, les femmes du film noir peuvent en partie être vues comme une inspiration pour les spectatrices.

4.3   La Femme fatale : une victime ?

Si l'on peut attribuer aux femmes du film noir un certain pouvoir et une certaine domination, il devient vite évident qu'elles ne parviennent pas complètement à sortir de la position de soumission.

Non seulement Cora, mais également Mona est piégée dans un mariage malheureux. Dès le début, Cora dit qu'elle n'a jamais aimé son mari Nick et l'a épousée par peur d'être seul. En outre, les deux femmes dépendent financièrement de leur mari. Cora prend rapidement le rôle d'un enfant en présence de Nick et semble incapable d'agir de façon autonome. Quand Nick lui demande contre son gré de danser et de nager avec Frank, elle obéit à son mari. De plus, on peut voir clairement que les femmes sont principalement réduites à leur apparence (Nick : « You look so lovely today, Cora. ») (Image III). Après l'échec de la tentative d'évasion du couple amoureux, Cora voit sa seule chance pour sortir de la situation malheureuse en tuant Nick. Par la suite, elle continue de compter sur l'aide des hommes, d'abord de Frank, puis des avocats et des juges. Heureuse d'avoir enfin trouvé un homme qui l'aime honnêtement, Frank la trompe avec une autre femme pendant son absence. Finalement, elle est à nouveau dans une relation sans amour de laquelle elle n'a pas de possibilités de sortir.

Tandis que Frank peut continuer sa vie comme avant, Cora est accusée de meurtre et perd sa vie aussi à la fin du film par un accident de voiture. Elle ne réussit ni à quitter son mariage ni à se construire une nouvelle vie et doit donc être considérée comme la plus grande victime de l'histoire.

En regardant *Pitfall*, on peut voir que Mona se trouve également dans un mariage sans beaucoup d'amour et d'affection. Abandonner son alliance afin de sortir son mari de prison ne semble pas être difficile pour elle. Mais quand Smiley est de nouveau avec elle, son malaise est clairement visible pendant son étreinte (Image IV). D'abord voir le grand amour à Forbes, Mona apprend rapidement qu'elle a seulement un rôle insignifiant dans la vie de l'employé de l'assurance et qu'il a déjà une famille. En plus de Smiley et Forbes, le détective privé MacDonald est également ravi et attiré par sa beauté et exige une présentation de plusieurs robes dans le magasin où Mona travaille (Image V). Il est très fixé sur le corps et oblige Mona de libérer ses épaules. A la fin du film, elle ne voit pas d'autre solution pour se libérer du harcèlement de MacDonald que de le tuer. Si l'arme reflète son pouvoir d'un part, elle est en même temps l'expression de son impuissance et de son oppression (Image VI). Tandis que Forbes reste toujours en liberté malgré le meurtre de Smiley, Mona doit expier son acte en prison ce qui montre à nouveau que la femme doit être plus considérée comme une victime que l'homme.

En outre, dans le cas des deux femmes, bien qu'elles ne soient pas mères, il devient rapidement évident qu'elles sont toujours coincées dans le modèle de rôle traditionnel de l'époque : Elles préparent les repas pour leurs maris, Cora repasse et fait la vaisselle. Elles ne parviennent donc pas complètement de quitter les espaces genrés féminins (Image VII).

5 CONCLUSION

Bien que la femme fatale atteigne le pouvoir et la supériorité sur les hommes par sa sexualité et son corps féminin, les deux films noirs utilisés comme exemple d'analyse montrent clairement qu'elle ne peut pas rompre complètement son rôle précédent de femme dans ce genre cinématographique. Très progressistes et modernes pour l'époque, les femmes des films des années 1940 n'ont que réussi à quitter en partie le modèle traditionnel de la société et montrent par conséquent une certaine dépendance des hommes.

Il n'est évidemment pas possible de conclure de seulement deux films une réponse généralement valable à la question de savoir si la femme fatale du film noir est vraiment une personne dominante, mais il a été possible de souligner une fois encore la problématique de définir la femme fatale ainsi que ses caractéristiques. Afin de mieux comprendre sa fonction, son caractère et les différences quant à sa présentation dans des ouvrages des autres siècles, il est absolument nécessaire de regarder et d'analyser la femme et son rôle dans le film noir américain d'une nouvelle manière.

Pour conclure, on peut dire qu'il est impossible de répondre sans équivoque à la question posée précédemment : La femme fatale du film noir est à la fois la dominante et la victime.

Image I : Cora fume et refuse le briquet de Frank.

Image II : Mona conduit le bateau.

Image III : Frank est attiré par la beauté de Cora.

Image IV : L'étreinte de Smiley et Mona. Elle se sent très mal à l'aise.

Image V : MacDonald force Mona à représenter des robes et de libérer ses épaules.

Image VI : Mona en train d'assassiner le détective MacDonald.

Image VII : Cora dans la cuisine.

7   BIBLIOGRAPHIE

7.1   Sources écrites

BARNES-SMITH, Danielle L., *Fatal woman, Revisited: Understanding Female Stereotypes in Film Noir*, Missoula, Undergraduate Theses and Professional Papers, 2015, 27 p.

CATTRYSSE, Patrick, *Pour une théorie de l'adaptation filmique. Le film noir américain*, Berne, Peter Lang, 1992, 268 p.

CONARD, Mark T., *The Philosophy of Film Noir*, Kentucky, The University Press of Kentucky, 2006, 248 p.

CREWE, David, "Cherchez La Femme : The Evolution of the Femme Fatale", dans *Screen Education*, n°80 (été 2016), p.16-25.

GROSSMANN, Julie, *Rethinking the Femme Fatale in Film Noir. Ready for her Close-up*, New York, Palgrave Macmillan, 2009, 168 p.

KARIMI, Hassan A., *Toward a Definition of the American Film Noir (1941-1949)*, New York, Arno Press, 1976, 255 p.

LESUISSE, Anne-Françoise, *Du film noir au noir. Traces figurales dans le Cinéma classique hollywoodien*, Bruxelles, Éditions De Boeck Université, 2002, 226 p.

SIMSOLO, Noel, *Le Film Noir. Vrais et faux cauchemars*, Paris, Éditions Cahiers du cinéma, 2005, 441 p.

SNYDER, Scott, « Personality Disorder and the Film Noir Femme Fatale » dans *Journal of Criminal Justice and Popular Culture*, N° 8 (2001), p. 155-168.

7.2   Sources filmiques

DE TOTH, André, *Pitfall*, United States, 1948, 86 Min.
Source électronique: https://oldmovietime.com/pitfall.html
[Site consulté le 14 novembre 2018].

GARNETT, Tay, *The postman always rings twice*, United States, 1946, 113 Min.
Source électronique:
https://media3-criterionpic-com.acces.bibl.ulaval.ca/htbin/wwform/016/wwk770?t=M57260
[Site consulté le 14 novembre 2018].